|| समर्पण ||

एक बार पुनः इस पुस्तक को मैं माता पिता के श्री चरणों में समर्पित कर रहा हूँ और बानी को आशीर्वाद के रूप में देने जा रहा हूँ जो कि बड़ी होकर इससे अवश्य ही अपनी जिंदगी के मायने हल कर पायेगी।

जिन्दगी के मायने

काव्य-संग्रह

लक्ष्मण सिंह त्यागी 'रीतेश'

प्राची डिजिटल पब्लिकेशन

मेरठ, उत्तर प्रदेश

Book   : **Zindagi Ke Mayne**

Editor   : **Laxman Singh Tyagi 'Ritesh'**

Edition   : **1st (August, 2020)**

ISBN   : **978-81-947278-0-4**

© Author

Published by

525, Lal Singh Nagar, Near Jai Devi Nagar
Meerut - 250002, Uttar Pradesh (India)
Website : www.prachidigital.in
E-mail : editor@prachidigital.in
Contact : 9760417980, 9760418103

दो शब्द...

प्रिय मित्रों,

सर्व प्रथम मैं आप सभी को नमन करता हूँ जो मुझे लिखने के लिए हमेशा हौसला देते हैं और आपने मेरी सोच से भी अधिक मेरी पहली पुस्तक 'सिसकती रातें' को प्यार दिया इसके लिए भी नमन करता हूँ।

इस बार मैं अपनी विधा में परिवर्तन करते हुए आपके सामने एक कविता संग्रह लेकर आ रहा हूँ, जो कि 'जिंदगी के मायने' के नाम से प्रकाशित हो रही है। मुझे आशा है कि आप इस बार और भी ज्यादा स्नेह देने वाले हैं, जैसा कि पुस्तक के नाम से प्रतीत हो रहा है मैंने यहाँ अपने छोटे बड़े अनुभव और मेरी ओर से दुनियाँ की समझ आपके साथ साझा करने का प्रयास किया है जिसका माध्यम छोटी-छोटी कविताएँ चुना है।

'जिंदगी के मायने' नामक पुस्तक आपके सामने रखते हुए मुझे अपार ख़ुशी का अनुभव हो रहा है। एक बार पुनः इस पुस्तक को मैं माता पिता के श्री चरणों में समर्पित कर रहा हूँ और बानी को आशीर्वाद के रूप में देने जा रहा हूँ जो कि बड़ी होकर इससे अवश्य ही अपनी जिंदगी के मायने हल कर पायेगी।

शुभकामनाओं सहित

आपका
लक्ष्मण सिंह त्यागी 'रीतेश'

अनुक्रमणिका

भाग -1
(आराधना)

माँ शारदे

मुश्किल सा दौर है आजकल हमें ज्ञान दे माँ शारदे।
अभिव्यक्ति की क्षमताओं को उबार दे माँ शारदे।
कल्याण जिसमें हो सभी का ऐसा कुछ मैं कह सकूँ
हिचकोले से खाती कलम को थोड़ी धार दे माँ शारदे।।

जीवन में अब सुख चैन ना चिर शान्ति दे माँ शारदे।
बुझते मलिन से चेहरों को कुछ कान्ति दे माँ शारदे।
सताऐं नहीं किसी सख्श को ऐसा हमारा ध्येय हो
गुलामी में जो हैं जी रहे उन्हें क्रांति दे माँ शारदे।।

बेरोजगार बैठे हैं जो उन्हें कुछ काम दे माँ शारदे।
गुमशुदा सी जिन्दगी को कोई नाम दे माँ शारदे
हर आंख में सपने पलें फिर उनके पीछे हम चलें
दिनरात मेहनत जो कर रहे उन्हें मुकाम दे माँ शारदे।।

गुरु

करता हरण है जो अज्ञान का अंधियारा
दीपक के सम ऐसे गुरु को नमन है
फंस जाये जब नाव भव सागर में कभी
पार जो लगाये ऐसे गुरु को नमन है
राह जो दिखाये हमें परमात्मा मिलन की
संसार के रचयिता गुरु को नमन है
हर बार संकट में बनता है मोचक जो
संकट मोचक ऐसे गुरु को नमन है

माता पिता से भी प्रथम हैं गुरु
जीवन का हरते तम हैं गुरु

मुश्किल घड़ी में साथ रहकर
अपने करीबियों में सर्वोत्तम हैं गुरु

शिष्य की चिंता में दिन रात जलते
किसी दीपक से नहीं कम हैं गुरु

नहीं होते किसी पुरस्कार के मौहताज
कल्याणकारी कोई धर्म हैं गुरु

आसान नहीं है सफल होना जीवन में
मंजिल पाने के लिए करम हैं गुरु

दुत्कार फटकार हिस्सा है सीखने का
जीवन में आगे बढने के मरम हैं गुरु...

मेरे राम

ये सिंहासन ये सुख सुविधा अचानक से है खो जाना।
राजा बनने की अभिलाषा में यूँ वनवास हो जाना।
सारे दुख दर्द सह लेना सिकन चेहरे पे ना आये
बडा.मुश्किल है इस जग में किसी का राम हो जाना।।

महल घर छोड़ कर अपने निकल आये थे वो वन में।
पिता का वचन निभाने को निकल आये थे वो वन में।
ना कैकेयी का बुरा माना भरत कपटी नहीं जाना
निभाने रघुकुल की मर्यादा निकल आये थे वो वन में।।

ऋषि मुनियों के रखवाले मेरे श्रीराम ही तो हैं।
ऊंच नीच के छुटकारे मेरे श्रीराम ही तो हैं।
रे मन आवाज तो देना प्रभु दौडे.ही आयेंगे
अयोध्या के दुलारे प्रभु श्री राम ही तो हैं।।

जगदम्बे माँ

संकट विकट है आ गया किरपा करो जगदम्बे माँ।
मानवता के दुश्मन को दूर अब तो करो जगदम्बे माँ।

हाहाकार मचाते भक्त हैं आपस में भी विभक्त हैं
कोरोना का बस नाश कर किरपा करो जगदम्बे माँ।।

विपदा पडी.ऐसी मनुज पे ना हंसता है ना रोता है।
पास है अपनों के फिर भी दूर सबसे वो होता है।

बीमारी का ये दैत्य है या कुछ लोगों का कृत्य है
महामारी है जो आ पडी.इसे दूर करो जगदम्बे माँ।

तेरी कृपा के हों हम पात्र इस नवरात्रि में विनती यही।
हे कल्याणी कर कल्याण अपने भक्तों का विनती यही।

मिट जायें क्लेश सारे ना हों लेश मात्र विनती यही
असहाय हैं तेरे भक्त माँ किरपा करो जगदम्बे माँ।।

बम भोले

बम भोले बम भोले बम भोले बम।
किरपा करो तुम्हारे दर पे हैं हम।।

जीवन के भोग छोड़ योग किया आपने।
बीमारों का सारा दूर रोग किया आपने।
योगियों के योगी मेरे बाबा भोले नाथ हैं
वन्य प्राणियों का संजोग किया आपने।
भक्तों का उद्धार करो हैं पुण्य थोडे.कम।
बम भोले बम भोले बम भोले बम।।

अर्द्ध चांद भाल पे है धारण किया।
जटाओं में गंगा का संधारण किया।
शेर मृग छाल को बनाया परिधान
दैत्य पापियों का भी संहारण किया।
अधर्म और पशुता को कर दो खतम।
बम भोले बम भोले बम भोले बम।।

तुलसी

हर घर के आंगन की शोभा
करती है तुलसी माई।
रोग दोग को है दूर भगाये
उपकार करे तुलसी माई।
कहने को तो ये है पौधा पर
माँ जैसी तुलसी माई।
पौराणिक इतिहास गवाह है
विष्णु की प्रिय तुलसी माई।
विवाह हुआ सालिगराम से इनका
ग्यारस के दिन तुलसी माई।
सब देवों का प्रसाद है बनता
आपके पत्तों से तुलसी माई।
देवतुल्य और पापमोचनी है
मोक्षदायिनी तुलसी माई।

गोवर्धन

माखन मिसरी घी दधि गाय का बड़े चाव से खाते हैं।
बंशी बजावत नंद के लाला देखो गाय चराते हैं।
गाय हमारी माता है यह बात जानता हर कोई
गाय का पालन पोषण करके ही तो गोपाल कहाते हैं।।

अहंकार को तोड़ने वाले देखो कृष्ण मुरारी हैं।
चरणों में ही रखना हमको ऐसी विनती हमारी है।
हाहाकार मची ब्रज में जब इन्द्र ने कोप दिखाया था
उठा के गोवर्धन उंगली पर बने आप गिरधारी हैं।।

श्री कृष्ण

इहलोक परलोक आनंद में सब लोक।
हों भी क्यों ना देवकी ने कान्हा पुत्र पायो है।।

नाचत हैं गावत हैं दुंदुभि बजावत हैं।
पापियों के नाश हेतु कान्हा पुत्र जायो है।।

होती बरसात है जो काली काली रात है वो।
बनके उजाला देखो कान्हा चलो आयो है।।

मायावी की जेल में जो अपनी माया चलाई।
देखकर कंस देखो कैसो सकुचायो है।।

भाग - 2
(महापुरुष)

रानी दुर्गावती

कीर्ति सिंह के घर जन्मी वो संतान अकेली थी ।
कालिंजर या बांदा नहीं पूरे भारत की नवेली थी ।।

बागडोर सत्ता की उसने अपने बल पर चलाई थी ।
कुऐ तालाब खुदाए मन में मानव की मात्र भलाई थी ।।

बनकर मर्दानी उसने माता का फर्ज निभाया था ।
नारायण ही नहीं उसने सरमन हाथी अपनाया था ।।

साहस हो या सुंदरता दोनो में अव्वल दर्जा था ।
तलवार धनुष ही नहीं कटार भाला भी उसका गर्जा था

बाजबहादुर अकबर जैसे थर थर कांपा करते थे ।
मुगले आसफ खां जैसे डर के मारे मरते थे ।।

दुर्गों वाली इस रानी को दुर्गावती भी कहते हैं ।
चलो बरेला उस समाधि पर जहाँ देवता रहते हैं ।।

बाल गंगाधर तिलक

खत्म कर दिया जिसने अंग्रेजों का राज तिलक।
ऐसे वीर बहादुर थे गंगाधर बाल तिलक।।

आजादी को अपना अधिकार बताया करते।
आजादी के दीवाने उस पर ही जीते मरते।।

गीता के ज्ञानी थे वो कर्म सिखाया सबको।
कर्म को पूजा माना यह पाठ पढ़ाया हमको।।

नारी का सम्मान बढ़ाया जिसने जग में लडकर।
हिन्दी हिन्दुत्व जगाया जिसने आगे बढ़ कर।।

अखबार अमर कर डाले मराठा और केसरी।
जन चेतन अलख जगाया जन जन में अगन भरी।।

सिखा दिया गोरों को अपनी ही दम पर सबक।
ऐसे वीर बहादुर थे गंगाधर बाल तिलक।।

वन्दे मातरम्

हिंदुस्तान बनाऐं मिलकर आओ तुम और हम।
वन्दे मातरम् वन्दे मातरम् वन्दे मातरम्।।

रोता आंगन छोड़ के आया देश की खातिर जो
रिश्तों से मुंह मोड़ के आया देश की खातिर जो।
उस वीर बहादुर सैनिक को शीश झुकाऐं हम
वन्दे मातरम् वन्दे मातरम् वन्दे मातरम्।।

त्याग तपस्या कितनी करता वतन है उसके तन में पलता
सर्दी गर्मी में भी देखो वो खेतों में गलता जलता।
सोचो उस बेबस किसान का बलिदान नहीं है कम
वन्दे मातरम् वन्दे मातरम् वन्दे मातरम्।।

बचपन और जवानी छोड़ी ज्ञान ही उसने पाया है
उसके आविष्कारों से ही देश यहाँ तक आया है।
बहुत कड़ी मेहनत से कोई बनता एक कलाम
वन्दे मातरम् वन्दे मातरम् वन्दे मातरम्।।

जय जवान हो जय किसान हो जय जय हो विज्ञान
तुम तीनों के मिलने से ही बनता हिंदुस्तान।
ऐसे जिसके हों बेटे तो माँ को क्या है गम
वन्दे मातरम् वन्दे मातरम् वन्दे मातरम्।।

गलवान कांड

बातचीत से हल निकले ये तो भारत की नीति है
अहिंसा के हम रहे पुजारी यही हमारी रीति है

भारत की संप्रभुता पर जो टेढ़ी नज़र गढायेगा
अपनी मौत ही पाने को संभव है कदम बढायेगा

छोटी आंखों वाले हमको क्या आंख दिखाता है
आतंकी मुल्क से करके मित्रता क्या तू इतराता है

गलवान में लडने से पहले गिरेबान में झांक जरा
ये तो नया भारत है इसकी ताकत को आंक जरा

गणतंत्र

धर्म से बड़ा देश होता है
ग्रन्थों से बड़ा संविधान।
आओ मिलकर शीश झुकाऐं
हिन्दू और मुसलमान।।
आजादी की धूप खिली है
तोड़ गुलामी की जंजीरें।
प्रजातंत्र लौट आया है
जागी जनता की तकदीरें।।
लगता है क्यों मुझको ऐसा
हम राजनीति के गुलाम बन गए।
आम आदमी हम थे पहले भी
लगता है फिर से हम आम बन गए।
भोली भाली जनता हैं हम
हाथों को फैलाया करते।
लोकतंत्र की जय बोल बोलकर
जख्मों को सहलाया करते।।

लक्ष्मी बाई

विपदा पडी थी आन झुकने लगी थी शान
बूढ़े भारत को कोई था सहारा चाहिए।
आपसी था द्वेष भाव ना कदापि सद् भाव
जो सबको मिला दे वो था किनारा चाहिए।
इस प्रतिकूलता में लक्ष्मीबाई आईं तब
लगा वो ही राजा हमें जो हमारा चाहिए।
नाक में है दम किया सबको बेदम किया
लक्ष्मीबाई आप ही का तो सहारा चाहिए।।

भारत की नारी में है कितना साहस बल
देखना हो गर लक्ष्मी बाई देख लीजिए।
काबिल राजा में गुण कौन कौन से होते हैं
देखना हो गर लक्ष्मी बाई देख लीजिए।
कर्तव्य माता का और पत्नी का निभाया कैसे
देखना हो गर लक्ष्मी बाई देख लीजिए।
वतन की साख पर खाक होते हैं कैसे तो
देखना हो गर लक्ष्मी बाई देख लीजिए।।

चिनगारी बनकर ऐसी उडी भारत में
अंग्रेजों की लंका को जला के रख डाला था।
घोड़े पे सवार हो के किया जो प्रहार ऐसा
अंग्रेजी साम्राज्य की नींव को हिला डाला था।
शहीदों की समाधियों पे मेले लगते यहाँ
काम ही जो आपने निराला कर डाला था।
महारानी लक्ष्मीबाई नमन बारम्बार है
आपकी हूँकार ने ही हमें जगा डाला था।

गांधी

विपरीत दिशा में मोड़ दिया चाहे तूफां हो या आंधी।
बारम्बार प्रणाम आपको मोहनदास करमचंद गांधी।।

साबित सत्य किया जिसने हरिश्चन्द्र था कलियुग का।
और अहिंसा के धागे में अंग्रेजों की फौज है बांधी।।

अफ्रीका में न्याय दिलाया रंग भेद को दूर किया।
साबरमती के संत को भांया ना सोना और ना चांदी।।

रामराज्य का सपना देखा ऐसे वो जननायक थे।
हाथ में लाठी बगल में चरखा तन पे पहनी थी खादी।।

बापू जैसा जीवन जीना सपने जैसा लगता है।
बौनी लगने लगती है राष्ट्र पिता की दी हुई उपाधि।।

राखी

आज का दिन है आजादी का
आज ही राखी का त्यौहार।
माँ और बहन से बढ़कर जग में
मिलता नहीं किसी से प्यार।।

सौगंध मुझे इस मिट्टी की
ये देश नहीं झुकने दूंगा।
माँ और बहनों की इज्जत को
हरगिज़ नहीं लुटने दूंगा।।

भारत माँ का बेटा हूँ
मैं भीष्म प्रतिज्ञा करता हूँ।
माँ और बहन की रक्षा में
मैं जीता हूँ और मरता हूँ।।

भाग - 3
(दर्शन)

बरसात

बिटिया की शादी का रखा सामान लेने आई है
ये बारिश फिर किसी का इम्तिहान लेने आई है

पेट काटकर पेट पालना कितना मुश्किल होता है
ये बारिश फिर किसी भूखे का ईमान लेने आई है

फुटपाथ पर ही सो गया आसमां को छत समझकर
ये बारिश फिर किसी आम का मकान लेने आई है

अपनों से मिलने के लिए कोई है सपने बेच रहा
ये बारिश किसी मोहताज की दुकान लेने आई है

मेरे आंसू जब रुके नहीं तो मैं बारिश में भींग गया
ये बारिश फिर से इस बार मेरे अरमान लेने आई है

दुनियाँ का काम

मैं तन्हा हूँ और अकेला
नहीं है मेरे पीछे मेला
रोज चलूंगा रोज गिरुंगा
फिर भी मुझको चलना है
दुनियाँ का काम तो छलना है

कितने रतजगे किये हमने
अपने ही होंठ सिंये हमने
चलता ही रहूंगा अनवरत
तब तक कि दिन को ढलना है
दुनियाँ का काम तो छलना है

मेरे हंसने से नाराज हैं वो
मुश्किल सी आवाज हैं वो
मैं फूल हूं लेकिन ऐसा ही
जिसको हर हाल में खिलना है
दुनियाँ का काम तो छलना है

योग करो

जीवन सफल बनाने को
कम से कम तुम भोग करो ।
करना ही है कुछ भाई
तो हौले हौले योग करो ।।

विश्व गुरु तो सदियों से
हम बने आ रहे दुनियां में ।
ज्ञान का दीपक बनकर
हम जले आ रहे दुनियां में ।
बीमारू इस दुनियां का
खत्म हर एक रोग करो ।
करना ही है कुछ भाई
तो हौले हौले योग करो ।।

मशीनरी के इस युग में
परम्परा को बढाया है ।
मेरे देश के संतों ने
भारत का मान बढाया है ।
योग की महिमा मानी सबने
मिलकर सब उपयोग करो ।
करना ही है कुछ भाई
तो हौले हौले योग करो ।।

ऐसा ना हो

इतनी भी मीठी बातें ना कर मित्र
ऐसा ना हो कि डायबिटीज हो जाये

जलील करने के तरीके और भी तो हैं
ऐसा ना हो कि लाइलाज मरीज हो जाये

माना कि तेरे शहर में अकेले हैं हम
ऐसा ना हो कि तेरे विनाश की चीज हो जाये

इतना भी मत इतराया कर अपनी ताकत पर
ऐसा ना हो कि बारुदी फसल के बीज हो जाये

बडा बनने का शौक है तो कुछ बड़ा कर
ऐसा ना हो कि सारा कारोबार सीज हो जाये....

आबादी

आबाद रहना था आबादी बढ़ा ली।
मनुष्य ने स्वयं ही बर्बादी बढ़ा ली।।

स्टेशन स्कूल या फिर हो अस्पताल
जनता का हुजूम दिखाई देता है।
सडक पर रैंगते लोगों को देखो तो
सावन का मानसून दिखाई देता है।।

भ्रष्टाचार बेरोजगारी या कई अपराध
बढती जनसंख्या से ही बढ रहे हैं।
घटती जमीन के टुकड़ों की खातिर
सगे भाई आपस में रोज लड रहे हैं।।

चाहे साधन हों या हों संसाधन
जनसंख्या विस्फोट के कारण घट रहे हैं।
मनुष्य को जीवन देने वाले पेड़
हजारों की संख्या में आज कट रहे हैं।।

किसकी इजाजत सेआजादी बढ़ा ली।
आबाद रहना था   आबादी बढ़ा ली।।

सुन बे सांप

सुन बे सांप
अब हमें देखकर कांप
हम मनुज हैं तुम अनुज हो
हमारे दांत नुकीले हैं
तुम से ज्यादा जहरीले हैं
हम मनुष्य सांपों से भी बडे.हैं
तुम केवल जंगल तक ही सीमित हो
जबकि हम हर जगह खड़े हैं
हर आफिस में हम पाये जाते हैं
बीन से नहीं रिश्वत से बाहर आते हैं
हम ए सी में सोते हैं
संसद में भी हम होते हैं
मदिरा पान भी हम करते हैं
सात जन्मों के लिए घर भरते हैं
हम भाई का भी सूपड़ा साफ करते हैं
इसलिए हमसे सारे सांप डरते हैं
बेईमानी गुंडागर्दी स्वार्थ छल कपट
ये सब गुण हैं अपने
सांप तुम बस देखते रहना ऐसे सपने
सुनो सपोले तुम बस काले हो
हम दो मुंह वाले हैं
अंदाजा लगा सके तो
हमारे विष को भांप।
चुप बे सांप।।

सौ बार मरना जिंदगी है

जिंदगी एक द्वंद्व है एक युद्ध है लडना है सबको
इनसे कभी उनसे या स्वयं से झगडना है सबको
जीने की अगर है तमन्ना तो तुम्हें लडना ही होगा
रुकना है बिल्कुल मना आगे तुम्हें बढना ही होगा
मार दो पहले उसे तुम अंदर तुम्हारे जो गंदगी है
एक दो दस बीस नहीं सौ बार मरना जिंदगी है

बहुत भीतर जा छिपे हो खुद से बाहर है निकलना
क्रोध लालच मोह मद स्वार्थ से बाहर है निकलना
स्वर्ण मृग हर बार तुमको बुलायेगा ही पास अपने
सो गए गलती से तुम तो सतायेंगे तुमको भी सपने
जांच कर अपनी पहले निकाल दे जो दरिंदगी है
एक दो दस बीस नहीं सौ बार मरना जिंदगी है

राम तो हैं एक ही पर राम सा बनना है सबको
धैर्य शील मर्यादा में श्रीराम सा बनना है हमको
मुश्किलों से है भरी ये जिंदगी डरना नहीं है
मौत को है मात देना खुद को मरना नहीं है
मारकर सारी बुराई जिंदा रखो जो बंदगी है
एक दो दस बीस नहीं सौ बार मरना जिंदगी है...

दर्द

मानवता के दुश्मन चंद चिंटुओ एक दिन तुम ले डूबोगे
चुल्लू भर पानी में डूब मरो बता तो दो कब डूबोगे

वो मादा हाथी गर्भवती थी थोड़ी सी तो दया दिखाते
भोजन ना देते तुम बेशक पर कुछ तो तुम हया दिखाते

कोरोना तूफानों से भी अब तक कुछ भी ना तुम सीख सके
घुटनों पर लाकर छोडा.है देखो ना रो पाये ना चीख सके

तुम जैसों के कुकर्मों के चलते सजा भुगत रही है दुनियाँ
अधम नीच पापियों की करनी की सजा भुगत रही है दुनियाँ…

बुरा वक्त

बुरा वक्त था मैं नहीं लोग फिर भी बदल गए
हम उठकर गिरे गिरकर उठे और संभल गए

मेरे अजीज होने का जो दावा किया करते थे
मुझे जिन्दा और सकुशल देखा तो जल गए

आज कल रूठे रूठे से रहते हैं मुझसे वे सब
अचानक मुझे मुश्किल में देखा तो बहल गए

मेरी बर्बादी का जश्न मनाते रहे वे सडकों पर
लौट कर मुझे घर में बैठे देखा तो दहल गए

मुझसे वो ताउम्र खिलवाड़ करते रहे यूँ ही
खुद को उनके सामने से हटाया तो मचल गए

पोषण करो

पेड़ पौधे नदी झरने
क्यों लगे ये दहकने

गैर नहीं ये भी हैंअपने
जुड़े हैं इनसे ढेर सपने

हमारे लिए खुद को मिटाते
अहसान फिर भी ना जताते

इनके बिना जीवन नहीं है
तुम भी नहीं हो हम नहीं हैं

इनको क्षति पहुंचा रहे हम
विनाश की तरफ जा रहे हम

उपहार है ईश्वर का ये सब
जीवन दायिनी चीजें हैं सब

पर्यावरण का ना शोषण करो
आओ मिलकर सब पोषण करो...

गाँव

सम्पूर्ण सृष्टि के विजेता रे मनुज
तू रोटी के समक्ष फिर हार गया
और वही रोटी तुझे दास की तरह
आज फिर इधर से उधर नचा रही है
इस त्रासदी के मध्य तेरी भटकन को
देखने वाले कोई भी तो नहीं
और जो हैं वो मूक बधिर दृष्टि हीन हैं
या कि हो गये हैं जानबूझकर
इतिहास से मिट ना सकेंगे ये क्षण
क्योंकि गवाह हैं ये पसरी पड़ीं सडकें
नागिन सी रेल पटरियां बड़ी बड़ी अट्टालिकाएँ
सूरज की तपन और पुलिस की लाठियां
कैसे भूलेंगे टुकडों में बटी हुई लाशें
तड़प कर मरते हुए दुधमुंहे बच्चे
हजारों कोस पैदल चलती हुई औरतें
बैलों के साथ गाड़ी खींचते हुए नवयुवक
कैसे भूलेंगे कराहती हुई रातें सिसकते दिन
पटरियों पर पड़ीं लाशें पास में पड़ीं खूनी रोटियां
महानगरों से दुत्कारा हुआ तू और और
तुझ अभागे को भी सीने से लगाता हुआ गाँव

भीड़ का नाम

भीड़ का कोई नाम नहीं है तो क्या ऐसे काम करेगी।
जाति धर्म को ताक पे रखकर यूँ ही बदनाम करेगी।।

मानवता से बढ़कर कोई बड़ा धर्म नहीं हो सकता है।
हिंसा तो है एक नमूना पागलपन का सरेआम करेगी।।

किसको मार रहे हो सोचो वो भी तो तुम्हारे जैसा है।
बहकावे में आकर कब तक खून का कोहराम करेगी।।

ये कट्टर पंथी सोच तुम्हारी बदल सके तो अच्छ हो।
नहीं तो एकदिन ऐसी सोच सबका काम तमाम करेगी।।

राजनीति से ऊपर उठकर जब भी तुम ये सब सोचोगे।
भीड़ अपनी दुश्मन है वो कभीना अच्छे काम करेगी।।

मैंने देखा है एक ईश्वर सफेद कोट पहने हुए

मंदिर मस्जिद के दरवाजे बन्द हुए हैं आज सभी ।
मौत को तांडव करने के प्रबन्ध हुए हैं आज सभी ।
सूनी गलियों का सन्नाटा खुद से ही डर जाता है ।
कोरोना की करतूतों से जबकि मन भर जाता है ।
तब एक अटल विश्वास है देखा दस्ताने पहने हुए ।
मैंने देखा है एक ईश्वर सफेद कोट पहने हुए ।।

चिंताओं ने जमाया डेरा कष्टों ने चहुँ ओर से घेरा ।
संकट की इस रात में जैसे अब ना होगा नया सबेरा ।
जान बचाने अपनी मानव जा छुपा है अपने घर पर ।
कोई है जो निकल पडा.है संकल्पित हो नयी डगर पर ।
चरक और शुश्रुत का वंशज देखा है मास्क पहने हुए ।
मैंने देखा है एक ईश्वर सफेद कोट पहने हुए ।।

वीरान सडकें

समय नहीं था कल तक आज कट नहीं रहा।
फिर भी लोगों की आंखों से पर्दा हट नहीं रहा।।

वीरान हुईं सडकें देखो सांपों सी पसरी पडीं हैं।
अल्हड़ शहरों का चौराहा अब नटखट नहीं रहा।।

मौत खुदबखुद मौत पर रोने को विवश हो गई।
अर्थी के पीछे चलने वाला जमघट नहीं रहा।।

कल तक जो अपनी ताकत पर इतराया करते थे।
आज ऐसा कोई व्यक्ति या देश विकट नहीं रहा।।

आखिरी पड़ाव पर अपना घर ही आश्रय देता है।
घर से दूर तो छोड़ कोई घर के निकट नहीं रहा।।

हम दो वक्त का भोजन देकर उसे भी जीने दें।
गनीमत है वो भूखा सो गया रोटी झपट नहीं रहा।।

आशाओं के दीप जलायें

बचा नहीं है कोई कोना मचा सब जगह रोना धोना।
दुश्मन सबको डरा रहा है दैत्याकार हुआ कोरोना।
नैराश्य भाव में डूब रहे लोगों की नैया पार लगायें।
हर दर पर दृढ़ संकल्पित आशाओं के दीप जलायें।।

घना अंधेरा डरा रहा है स्वाभिमान को चुरा रहा है।
इच्छाओं की चित्तवृति तोडने को तिलमिला रहा है।
एक सौ तीस करोड़ की इच्छा शक्ति से अवगत करायें।
हर दर पर दृढ़ संकल्पित आशाओं के दीप जलायें।।

याद करो हम हैं वो ही हर बार सृजन की फसल है बोई।
विनाश के भय से कब हम हारे कब मेरी भारत माँ रोई।
धू धू कर दुनियाँ जलती है आओ मिलकर आग बुझायें।
हर दर पर दृढ़ संकल्पित आशाओं के दीप जलायें।।

पानी रे पानी

बहुत हो चुकी तेरी मेहरबानी।
पानी रे पानी पानी रे पानी।।

इससे ज्यादा जो बरसेगा
लोग तुझे तो गलत बोलेंगें।
बस कर पगले इससे ज्यादा
लोग तुझे आफत बोलेंगें।
बहुत हो चुकी तेरी नादानी।
पानी रे पानी पानी रे पानी।।

किसी के सपनों का घर था वो
कितना भयावह मंजर था वो।
फिर से गरीबी तूने रुला दी
आशाओं की फसल डुबा दी।
मानेगा क्या मिटा के निशानी।
पानी रे पानी पानी रे पानी।।

पशु और पक्षी हांफ रहे हैं
हम मानव भी कांप रहे हैं।
डूबा डूबा सा जग सारा
तुझसे तो संसार भी हारा।
बहुत हुई जन धन की हानि।
पानी रे पानी पानी रे पानी।।

पापा ओ पापा

इन तीन जादुई शब्दों के आगे
कोई नहीं टिक पाता।
जब मेरी बेटी बोले
पापा ओ पापा।।
मेरे मन के बहुत करीब है वो
जिस पिता की बेटी नहीं
बेचारा बहुत गरीब है वो।
कभी कभी मुझे रिश्तों में
भी हो जाता है बड़ा मुनाफा।
जब मेरी बेटी बोले
पापा ओ पापा।।
उस पवित्र मन को कहीं
दुनियाँ की नज़र ना लग जाये।
डरता हूँ कि कहीं सुनहरे सपनों
के बीच में ही ना जग जाये।
बेटी को कोख में मारने वालो
क्या तुम्हारा हाथ एक बार ना कांपा।
जबकि आवाज तो दी होगी
पापा ओ पापा।।

सावन का स्वागत

सावन तेरा स्वागत है इस बार बरस जा जम से।
आशाऐं जुडी.हैं तुझसे इस बार तो आ जा छम से।।

पथराई बूढ़ी आंखें आकाश को ताक रहीं हैं।
पेड़ों की फैलीं शाखें आकाश को ताक रहीं हैं।
इस बार रहम तू कर दे ऐसा रहनुमा तू प्यारे
तुझको कैसे बताऐं इंतज़ार था तेरा कब से।।

तेरे दम पे लिया जो कर्जा उसकी कहानी है।
किसी का मूल चुकाना है किसी की ब्याज चुकानी है।
हमदम गरीबों का तू हम चाहें साथ तेरा
सावन घटाऐं ले आ क्यों रुठ रहा है हम से।।

विरह की आग लगी है यह बदन हुआ है शोला।
सावन की कह के गया था ना आया वो बडबोला।
दिन रात जली मैं उसकी यादों को ताजा करके
संदेश यही ले जा कर कहना सब कुछ बलम से।।

और सहारा छूट गया

वर्षों से जो ख्वाब था देखा टूट गया तो टूट गया।
हाथ में आते आते देखो एक और सितारा छूट गया।।

सांसों के साथ पले थे सपने आंखों के प्यारे दामन में।
जिस किस्मत पे गर्व था हमको वो ही मुकद्दर रूठ गया।।

हार के क्यों रोता है पागल संघर्ष तुझे करना होगा।
जाम नहीं पूरा फैला है ये तो बस एक घूंट गया।।

कसम है तुझको उस मेहनत की जो दिन रात करी तूने।
तिनका तिनका चुनना फिर से क्या है जो एक घर टूट गया।।

चांद को पाने की जिद में दीवानों सा मेरा हाल हुआ।
दो ही कदम आलिंगन में थे और सहारा छूट गया।।

नया साल तब होता है

अपनों से जब अपने मिल जाऐं नया साल तब होता है ।
आंखों में जब सपने खिल जाऐं नया साल तब होता है ।
बैर भाव ना हो दुनियाँ में हो प्रेम की चाहत दुनियाँ में
बाहों में जब अपने घुल जाऐं नया साल तब होता है ।।

मिले किसान को न्याय बराबर नया साल तब होता है ।
हो अमन चैन की बात बराबर नया साल तब होता है ।
अश्लीलता औ फूहड़पन की लेशमात्र ना जगह बचे
हो सैनिक का सम्मान बराबर नया साल तब होता है ।।

सर्दी के कारण मरें ना बच्चे नया साल तब होता है ।
लोग रहें सब मन के सच्चे नया साल तब होता है ।
घर के अन्दर की दीवारें ढह जायें तो बेहतर हो
सम्बन्धों के धागे रहें ना कच्चे नया साल तब होता है ।।

हंसता गाता हर चेहरा हो नया साल तब होता है ।
जाना पहचाना हर चेहरा हो नया साल तब होता है ।
भेष बदल कर घूम रहे हैं गद्दार देश के हैं वे ही
बेनकाब जब हर चेहरा हो नया साल तब होता है ।।

रुकना मना है

चलना है जिंदगी रुकना मना है।
राहों में बेशक कोहरा घना है।।

कांटों के डर से क्या राहें बदल दें
सपनों को क्या पलकों में मसल दें।
मुश्किल से देखा ख्वाब अधबुना है।
चलना है जिंदगी रुकना मना है।।

पैरों को पकड़ कर खींचेंगे वे तो
हार जाने के डर से खीझेंगे वे तो।
उनके डराने से डरना मना है।
चलना है जिंदगी रुकना मना है।।

आशा है तुमसे अपनों की कब से
कहते नहीं है वो हालांकि सब से।
मातपिता की आवाज को सुना है।
चलना है जिंदगी रुकना मना है।।

नया वर्ष

नया वर्ष तो मना रहे हो मन को नया करोगे कब।
घास उगी जीवन जंगल में वन को नया करोगे कब।।

परम्परा के नाम पर तुमने क्या क्या पाल रखा मन में।
जितने तुम कांटे बोओगे वही मिलेंगे इस जीवन में।
कुविचारों को अपने मन से बोलो दफा करोगे कब।
नया वर्ष तो मना रहे हो मन को नया करोगे कब।।

बेटी अबला बना के रख दी घर से निकल नहीं पाती।
धर्म के नाम पे दंगे होते तो कहीं पे कारण है जाति।
सुलग रहे इस देश की मुश्किल को हवा करोगे कब।
नया वर्ष तो मना रहे हो मन को नया करोगे कब।।

रोजगार की बाट जोहता युवा उदास सा बैठा है।
हर बार हारने वाला किसान बद्हवास सा बैठा है।
इन मसलों को संसद में बोलो तुम बयां करोगे कब।
नया वर्ष तो मना रहे हो मन को नया करोगे कब।।

मैं भारत की बेटी बोल रही हूँ

जिसके होने भर से घर का आंगन
आंगन जैसा लगता है।
जिसके झूलने भर से सावन
सावन जैसा लगता है।
मोहक सी मुस्कान है जिस की
बातों से अमृत घुलता है।
जिसके आ जाने भर से हर बाप
तान के सीना चलता है।
ऐसी बेटी की बस चीखें
आज सुनाई देती हैं।
भाग्य कोसती बेबस माँ अब
बेटी ना हो यह कहती है।
शिकार हवस का करने वाले
दरिंदे देखो घूम रहे हैं।
जिस्म नोंच नोंच कर देखो
अपने मद में झूम रहे हैं।
कौन सुनेगा मेरी पीड़ा
मैं लहू को अपना तौल रही हूँ।
मैं भारत की बेटी बोल रही हूँ।।
मैं भारत की बेटी बोल रही हूँ।।

निर्भया

पैर तले जो आ जाने से टूट गई जब उसकी गुड़िया
रो रोकर बुरा हाल था नहीं रही जब उसकी गुड़िया
वो भी तो गुड़िया जैसी थी बस चलना ही सीखा था
दुनियाँ की समझ नहीं थी बस मिलना ही सीखा था
मसल दिया जालिमों ने उसे अभी कली थी नन्ही सी
तितली जैसे सपने लेकर अभी चली थी नन्ही सी
चहल पहल और रौनक हैं ये घर को स्वर्ग बनातीं हैं
माँ बेटी बहन बीबी बनकर कितने फर्ज निभाती हैं
मानवता को शर्मसार हर बार पुरुष ही करता है
धर्मराज का दंभ पाल कर दुश्शासन क्यों बनता है
यदि धर्म सिखाता है ये सब वह धर्म नहीं हो सकता है
दैत्य निशाचर पागल है वो कभी मर्द नहीं हो सकता है

सर्दियाँ

किसी के लिए मनोरंजन का खजाना हैं सर्दियाँ।
गरीबों के लिए बस गरीबी का हर्ज़ाना हैं सर्दियाँ।।

हड्डियां कांप जाती हैं जब कड़ाके की ठंड पड़ती है।
निर्धनता में जन्म लेने वालों का जुर्माना हैं सर्दियाँ।।

फुटपाथ पर जिनको रात काटनी होती है उनसे पूछो।
किसी तानाशाह शासक का क्रूर नजराना हैं सर्दियाँ।।

जंगल और खदानों में जो दिनरात काम करते हैं।
किसी साधु की बद् दुआ से मर जाना हैं सर्दियाँ।।

झोंपड़ी में दुबकने को जगह नहीं है इतनी जनता है।
गिने चुने लोग हैं जिनके लिए रंग जमाना हैं सर्दियाँ।।

इज्जत को ढकें या पैर कुछ समझ में नहीं आता है।
गरीब की इज्जत बाज़ार में घसीट लाना हैं सर्दियाँ।।

भीड़

बडा.ही चर्चित सा शब्द
विशेष रूप से
इक्कीसवीं सदी के आरम्भ में
आखिर है क्या ये
शायद समझ से परे
परंतु ये क्या
मैंने तो पल्ला झाड़ लिया
चलो कोशिश करते हैं समझने की
भीड़ का अर्थ
मुझे लगता है
किसी कार्य को बगैर समझे
इकट्ठा हुए उन लोगों के हुजूम का नाम है
भीड़
जो खुद कन्फ्यूज हैं कि हम
यहाँ क्यों इकट्ठा हुए
बस आ गए
शायद भीड़ को देखकर
जो आवाज आगे से उठी
उसी के सुर में सुर मिलाना है
जिस किसी पर
एक हाथ आगे से उठा
पीछे से हमने भी एक एक हाथ
उसी पर दे मारा
यह सोच कर कि चलो
हाथ साफ हो गये
कई बार अखबारों में पढ़ा और सुना है

भीड़ तुम न्याय भी करती हो
तुम्हारे न्याय में
ना कोई दलील
ना सुनवाई
ना पक्षकार
फैसला उसी समय
क्या ये वाकई न्याय होता है
कभी सोचा है तुमने
तुम्हारे कितने केस अखबारों में पढ़ें हमने
जैसे
चोटी कटवा
गाय हत्या
जेबकतरा
बलात्कारी
धर्म परिवर्तन
और ना जाने कितने
मुकदमों के फैसले
तुमने सड़क पर ही कर डाले
क्या ये संविधान के अनुसार
ही किया गया न्याय था
सोचना जरूर
हे भीड़
एक बात और
सुना है
तुम्हारी कोई
जाति
धर्म
भाषा

नहीं होती
क्या तुम वास्तव में
धर्म निरपेक्ष हो
जबकि आरोप लगा करते हैं कि
तुम साम्प्रदायिक दंगे करवाती हो
भीड़ के इंसाफ़ पर
क्या कोई विश्वास करता है भला
ऐसी तो नहीं थी
हमारी न्यायिक व्यवस्था
जो तुमने बना रखी है
संघे शक्ति कलेयुगे
की उक्ति को सार्थक
बनाने के चक्कर में
कहीं बेगुनाहों को निशाना
तो नहीं बनाया जा रहा
मुझे लगता है कि
तुम्हारा रिमोट कंट्रोल
किसी और के हाथ में है
तुम भीड़ हो मगर कठपुतली भी
वहाँ ए सी रूम में बैठकर वे
स्क्रिप्ट लिख रहे हैं
और तुम सड़क पर उसे
मूर्त रूप दे रहे हो
हालांकि यह भी सच है कि
तुम्हें भी नहीं पता कि
कौन तुम्हारा इस्तेमाल कर रहा है
मगर वो तुम्हीं हो जो उनके
काम आसान कर रहे हो

उनके इशारों पर नाच रहे हो
तुम्हें लगता है कि समाज के लिए
तुम कुछ अच्छा कर रहे हो
ये भ्रम है तुम्हारा
तुम समाज की मुश्किलें और भी
बढ़ा रहे हो
कभी कभी
किसी चीज के बारे में
ज्यादा चिंता करना भी
हानिकारक हो जाता है
इसलिए
कुछ चीजों को
ईश्वर और प्रकृति पर
छोड़ देना चाहिए
मेरा तात्पर्य इतना सा है कि
भीड़ का हिस्सा बनना
कोई अच्छी बात नहीं है
जो कुछ करो
अपने बलबूते पर
करना चाहिए
किसी के बहकावे में आने से
किसी की जिंदगी के साथ खेलना
उचित भी नहीं है
निवेदन सिर्फ इतना सा है
कि आप भी महत्वपूर्ण हो
स्वयं को सत्कर्म में लगा कर रखो
वो सब छोड़ दो
जो किसी के मन को

दुखी कर सकता है
बचा कर रखो अपने आप को
क्योंकि अभी
भीड़ तंत्र
या कहें कि
भीड़ युग चल रहा है
जिस में बहुत कुछ होकर भी
कुछ भी नहीं हो रहा है
बस गरीब बेसहारा मनुष्य
परेशान है

रावण

हर साल मारकर रावण भी क्यों जिंदा रह जाता है।
क्या मारने वाला हर व्यक्ति राम नहीं बन पाता है।।

रूप निराले धरकर आया यह रावण बड़ा मायावी है।
आतंक का मानक है ये हर बार विनाश कर जाता है।।

काट रहा है जेब उन्हीं की जो पैसों के मोहताज रहे।
रिश्वत लेता हर आफिस में फिर भी ये बच जाता है।।

चमत्कार छूटा इसका तो आया बलात्कार करने पे ये।
होकर व्यभिचारी दुराचारी भी संत कैसे बन जाता है।

बुरी शक्तियों से टकराना इतना भी आसान नहीं होता।
परोपकार हो पाप ना मन में तब राम बन पाता है।।

गली गली में रावण देखो भेष बदल कर घूम रहे।
नाश भी निश्चित होता है बुरा समय जब आता है।।

हिंदी कुण्डलिया छंद

हिंदी के बाज़ार में इसकी हिंदी होय।
अंग्रेजी तो हंसि रही हिंदी रहि है रोय।
हिंदी रहि है रोय जुगत कछु भी करि लीजे।
उन्नत हिंदी भाष्य काम बस वो ही कीजे।
कहि कविरा रीतेश चाहे हो कोऊ सिन्धी।
हम सब की है शान दमकती प्यारी हिंदी।।

अपने ही इस देश में बन गई मेहमान।
अंग्रेजी के चमचों की चलने लगी जुबान।
चलने लगी जुबान कोई इन्हें समझाये।
निज भाषा के बिना कोई कुछ ना कर पाये।
कहि कविरा रीतेश अस्मिता लगे हडपने।
हिंदी हेतु खतरा अब बन गये हैं अपने।।

साहब की टेबल

हमारे साहब की टेबल
आठ पैरों पर खडी है
चार पैर तो सबको दिखते हैं
दूसरे चार पैरों पर मेरी निगाह गढी है
पहला पैर रिश्वत की गड्डियों का
दूसरा पैर अल्प मेहनती कर्मचारियों की हड्डियों का
तीसरा पैर दलाल चाटुकार गुंडों नेताओं की दया का
चौथा पैर साहब की पक्षपात पूर्ण
अन्यायी ढुलमुल मूर्खता पूर्ण बेहया का
इस चरमराती टेबल पर फरमान जारी हो रहे हैं
इसीलिए अधीनस्थ इन पर भारी हो रहे हैं
कुछ वटवृक्षों ने प्रकाश तक रोक रखा है
इसलिए कुछ छोटे पौधे रो रहे हैं
साहब की टेबल दोनों तरफ से काम करती है
नीचे से पैसे निगलती और ऊपर से आदेश उगलती है

मक्खियां

आज कल उस मेज पर छा रही हैं मक्खियां
बिन बुलाए मेहमान सी आ रही हैं मक्खियां

भिनभिनातीं हैं दिनभर कुछ भी नही सुन पाते हम
ना ताल है ना सुर फिर भी गा रही हैं मक्खियां

खाने से है प्रेम इनको खाती रहतीं हैं सदा
कभी खट्टा कभी मीठा खा रहीं हैं मक्खियां

काम से परहेज इनको उडना इनका काम
बन संवर कर इधर से उधर जा रहीं हैं मक्खियां

गंदगी पर बैठतीं हैं आदत गलत ये भी तो है
गुण नहीं गुड़ पसंद है बता रहीं हैं मक्खियां

मेरे कमरे में भी आयीं घर से बेघर मैं हुआ
आज कल कुछ ज्यादा ही सता रहीं हैं मक्खियां

भाग - 4
(प्रेम)

दूर

अपना कहते कहते बड़ी दूर चले गए।
हसीन जिंदगी के लम्हे भरपूर चले गए।।

साथ चलने का वादा करके अकेले निकल लिए।
कैसे बताऊँ मेरे तो कोहिनूर चले गए।।

जहाँ भी जाओ छा जाओ बादल के मानिंद।
मेरे तो चुटकलों के बरगद समूल चले गए।।

वो टिफिन की रोटी बिना शक्कर की चाय।
बेमौके बहस करने के मुद्दे सुदूर चले गए।।

यादें ही तो हैं जो हमेशा याद आती हैं।
वो उडते पंछी थे जो हमसे दूर चले गए।।

राखी की सौगंध

कोयल सी चहकती रहना तुम।
फूलों सी महकती रहना तुम।
स्वजीवन के अरुणिम सपने
बेफिक्र ही बुनती रहना तुम।।

नटखट सी और शरारती तुम।
हो मंदिर की जैसे आरती तुम।
ये बचपन तुम्हारा रहे अटल
बस खुद को रहना संवारती तुम।।

है याद मुझे रक्षा बंधन।
आने को बहुत है करता मन।
ये त्याग तुम्हीं से सीखा है
रखता हूं सर्वोपरि मैं वतन।।

हूँ दूर मगर मजबूर नहीं।
मैं आंच नहीं आने दूंगा।
सौगंध मुझे इस राखी की
आंसू तुझको ना बहाने दूंगा।।

वो

आजकल वो मेरा ख्याल रखने लगा है
मेरी नमकीन मस्तियों को चखने लगा है

एक पवित्र सी डोर में हम बंधने लगे हैं
कुछ तो है जो इस तरह चहकने लगा है

यूँ भी मन को काबू में रखना आसान नहीं
तो भी बिना पिये वो क्यों बहकने लगा है

खिलना और मुरझाना तो कलियों का धर्म है
फिर कौन है जो इस तरह महकने लगा है

इस रिश्ते का खुलासा रिश्ता खत्म करना है
कल परसों से वो मेरा रास्ता तकने लगा है

कुण्डलिया

राधा से जो शुरु हुआ मीरा तक था ठीक।
प्रेम पवित्र जहान में बनी रही यह लीक।
बनी रही यह लीक प्रेम को पूजा माना।
महापुरुषों ने भी इसको खूब पहचाना।
सच्चे प्यार में हर बार आयी है बाधा।
प्रेम विरह में यहाँ रोज तड़पी है राधा।।

इंटरनेटी दौर में पत्रों को नहीं ठौर।
प्रेम मशीनी हो गया फेसबुकी का शोर।
फेसबुकी का शोर छा गया वेलेंटाइन।
नकली प्रेम को ही लोग कह रहे फाईन।
संस्कारों को भूल गये सब बेटा बेटी।
दिल के सारे रिश्ते हो चुके इंटरनेटी।।

रोता गया

अपने हिस्से का मुझको सब जीते गए
मेरे हिस्से में मैं खुद नहीं आ सका

घूंट दर घूंट मुझको सब पीते गए
मेरे हिस्से का अमृत मैं नहीं पा सका

भीड़ में भी मैं तन्हा होता गया
लोग हंसते गए मैं रोता गया

घाव जिनके रहे उनको सींते गए
घाव अपने पे मरहम लगा ना सका

चांद

आंखों से आंखों की बात होती रही
प्रेम मय एक मुलाकात होती रही
फासले जिंदगी में रोज बढते गए
चाह इतनी बढी कि झगडते गए
उसे खोकर है जाना गलत हो गया
प्रेम का चांद पहला कहीं खो गया

चाहकर भी भुला पाये ना हम तुम्हें
अपने मन से भगा पाये ना हम तुम्हें
यादों की झील में गोता लगाते रहे
हम कुछ नगमे यूँ ही गुनगुनाते रहे
वर्षों के बाद मन आज यूँ ही रो गया
प्रेम का चांद पहला कहीं खो गया…

महताब

उनसे हम भी अपने चुकती हिसाब मांगेंगे
अपने हिस्से के बचे हुए हसीन ख़्वाब मांगेंगे

जिंदगी के हरेक पन्ने को बारीकी से पढ़ने वालो
तुमसे भी कभी जिंदगी की पूरी किताब मांगेंगे

यूँ ही मुफ्त में बंटने वालों में से नहीं थे हम
प्रेम के बाजार में हम हमारा भाव मांगेंगे

पाकीजा मन को कटघरे में खड़ा करने वाले
हमारे ऊपर उठी हर उंगली का जबाब मांगेंगे

अंधेरी रात में छोड़ दिया हमें सितारों के सहारे
सही वक़्त पर हम भी अपना महताब मांगेंगे...

तुम से

होली दीवाली तुम से थीं
जब तुम ही नहीं तो कुछ भी नहीं
मेरी रातें उजालीं तुम से थीं
जब तुम ही नहीं तो कुछ भी नहीं

तेरी एक झलक पाने भर से
मन का मधुमास है मन जाता
सुबह सुबह तेरे दर्शन से
मेरा दिन खास है बन जाता
मेरी नज़र सवाली तुम से थी
जब तुम ही नहीं तो कुछ भी नहीं

मेरे मन के मेले की रौनक
तेरे आने से बढ़ जाती थी
दुनियाँ के मौत के कुएं में
गड्डी प्यार वाली चढ़ जाती थी
बस की सीट भी खाली तुम से थी
जब तुम ही नहीं तो कुछ भी नहीं

तेरी बात हो

समझे ना तुम हमें समझे ना हम तुम्हें
भूले ना तुम हमें भूले ना हम तुम्हें
गलतफहमियों के मध्य हम उलझे रहे
ना मिल सके तुम हमें ना मिल सके हम तुम्हें

बात करने को भी तो कोई बात हो
ख्वाबों में डूबने को हसीन रात हो
ना है दिन का पता ना पता रात का
साथ तू ही रहे और तेरी बात हो

ख्वाब जितने बुने आओ पूरा करें
अधूरे लम्हे जो थे उनको पूरा करें
साथ जीना रहे साथ मरना रहे
जितनी सांसें बचीं मिलके पूरा करें

एक लड़का

बारह साल का एक लड़का था
बिल्कुल शांत नहीं भडका था

भीड़ से अलग होने लगा
ना जाने कहाँ खोने लगा

खुली आँखों में सपने पलते
उसके दोस्त उसी को खलते

घर में भी चुप रहने लगा था
खुद से बहुत कुछ कहने लगा था

उसके मन पे जो छाया था
वो चेहरा उसको भाया था

दिनभर उसको देखा करता
उस पर जीता उस पर मरता

बोल नहीं पाता था उससे
प्यार बहुत करता था उससे

उसका चलना उसका हंसना
सब कुछ अच्छा सा लगता था

कोई कमी नज़र ना आती
सब कुछ अच्छा सा लगता था

एक दिन उससे ऐसा बिछडा
फिर वो कभी नहीं मिल पाया
दिन माह और साल बीते
वो फिर नज़र कभी ना आया

एक तरफा था प्यार उससे
मगर प्यार बहुत सच्चा था
दूर हुआ तो उसने जाना
वो चेहरा कितना अच्छा था

आज वो लड़का बड़ा हो गया
सब कुछ पास है उसके लेकिन
बीबी बच्चे पैसा गाड़ी
बस वो चेहरा नहीं है लेकिन

जब जब परेशान होता है वो
वो ही चेहरा याद है आता
आंखों में आये आंसू को अब
छुपाने की कोशिश में लग जाता

ऐसा नहीं कि भूल गया हो
यादों का झूला झूल गया हो

हद से ज्यादा खुशी मिले या
हद से ज्यादा दुख मिल जाये
तब तब वो ही चेहरा उसको
याद है आता बड़ा सताता

चाहत उसकी बस इतनी है
जन्म दुबारा मिले यदि तो
वो चेहरा उसको मिल जाए
वो चेहरा उसका हो जाए. .

कितना अच्छा

कितना अच्छा सा नाम है तेरा
सुनके मेरा रोम रोम खिल जाता है

ऐसा लगता है जैसे कि कोई
भटका राही राह से मिल जाता है

तेरे आने की आहट भर से
मुझे मेरा मुकाम मिल जाता है

तेरे गेशुओं की चमक है जहन में मेरे
मेरा जुगनू सा दिल भी खिल जाता है

नींद आती ही नहीं है मुझको
रात कटती नहीं दिन निकल जाता है

खजुराहो के पर्वत वन

दिन भर जो रहे चंचल
दिन भर जो थे बेचैन
शाम होते होते बिछ गए
खजुराहो के पर्वत वन
रात है पूर्णिमासी की
क्या इनको पता था पहले से
क्या नजारा चांद तेरा है
उफ कैसा है आलिंगन
श्वेत मोती सी
ओस की बूंदों तले
दब गए हों पूर्णतया मानो
खजुराहो के पर्वत वन
कहीं कहीं
छोटे छोटे नदी नाले
दिखाई देते हैं श्रम सीकरों से
बहे जा रहे हैं
चुपचाप इस एकांत में
आज पूरा है चांद फलक पे
चांदनी की शीतलता में मंत्र मुग्ध होकर
इस अर्द्ध रात्रि में
समाधिस्थ हो चुके हैं
खजुराहो के पर्वत वन

झूठ कहा

मैं कब हारा था दुनियाँ से
जिसने भी कहा था झूठ कहा
मैं कब भागा था दुनियाँ से
जिसने भी कहा था झूठ कहा

हर रोज मैं कोशिश करता हूँ
हर रोज असफल होता हूँ
कोशिश करना कब छोडा था
जिसने भी कहा था झूठ कहा

हर रात मैं सपने बुनता हूँ
हर रात आंखें हैं खुल जातीं
ख्वाबों का घर कब छोडा था
जिसने भी कहा था झूठ कहा

हर रोज कलम उठती मेरी
हर रोज कलम घुटती मेरी
तस्वीर बनाना कब छोडा
जिसने भी कहा था झूठ कहा

बसंत

लगता है जैसे दुखों का अंत आ गया है
जबसे मेरे जीवन में बसंत आ गया है

सर्दी की जवानी थम सी गयी
शीत लहर रवानी कम सी गयी
बर्फ़ की चादर सिमट सिमट कर
आंखों का पानी बन सी गयी
मन ने जिसको याद किया वो तुरंत आ गया है

ख्वाबों के पत्ते विराज रहे
मन टहनी पर बना समाज रहे
नींद का डेरा पलकों पर उतरा
प्रेम का बस साज बाज रहे
जैसे प्रेम का नगमा दिग् दिगंत छा गया है

धूप दुल्हन दबे पाँव आ गयी
फूलों पर खुशबू मदमस्त छा गयी
साफ साफ लगता है आसमान इश्क़ का
वो सतरंगी चिड़िया धूल में नहा गयी
जैसे कामदेव बनकर सुमंत आ गया है

नारी

दुनियाँ भर के ताने सहना
मुख से कभी कुछ ना कहना

पहले उठना बाद में सोना
कष्टों को सहकर भी हंसना

पूजा तप और व्रत रखना
औरों के लिए ईश्वर को मनाना

आंसू आंचल और दुआऐं
नारी तुझमें सभी समाऐ

माँ पत्नी और बहना बनकर
हर लेती हर एक बलाऐं

त्याग का असली नाम हो तुम
जीवन का बड़ा मुकाम हो तुम

रंग पंचमी

फिजा में कितने रंग घुले हैं
इस फागुन की बेला में
प्रेम के कितने नेत्र खुले हैं
इस फागुन की बेला में

एक रंग है देश प्रेम का
जो छाया वीर जवानों पर
एक रंग माटी से निकला
जो छाया मेरे किसानों पर
झूम रही है दुनियाँ सारी
नाच रहा अलबेला मैं

एक रंग आविष्कारी है
जो मिटा रहा लाचारी को
एक रंग संगीत में खिलता
जो जता रहा खुद्दारी को
रंग पंचमी के मौके पर
झूम के होली खेला मैं

गाँव में होली

सबसे दूर हूँ आज के दिन
गाँव में होली होती होगी
फीका रंग है आज के दिन
गाँव में होली होती होगी

याद रहे मैं बेटी नहीं वो तो पराई होती है
बेटा होकर भी जीवन में देखो जुदाई होती है
बैठ के पीपल के नीचे रंगों की साजिश होती होगी

बुजुर्ग गाँव के कहते हैं मैंने कितना नाम किया
दो पैसों की खातिर मैंने तो खुद को मार लिया
मुझको घर में ना पा कर माँ बाप की आंखें रोती होंगी

प्रणाम

घोड़ा गाड़ी बंगले
कौन गया है संग ले

ये जो तेरा दर है
समझा मैं मेरा घर है

हर रिश्ते में रिश्ता ढूंढा
हर जगह फरिश्ता ढूंढा

कर्तव्य निभाते निभाते
जिम्मेदारी का जिम्मा उठाते

उम्र बीत जाती है
बापस कहाँ आती है

मैं काम में लगा रहा हूँ
रातों में जगा रहा हूँ

जब हुआ सवेरा तो पाया
जीवन का हुआ सफाया

किरदार था जितना मेरा
मैं उसको निभा चुका हूँ

अब मत कहना कुछ करलो
मैं थककर थका चुका हूँ

चलता हूँ प्रणाम सबको
मैं याद करूँगा तुमको

मैं तो बाजीगर ठहरा
बस खेल दिखाने आया

रोतों को हंसाने आया
रूठों को मनाने आया

कुछ भूल हुई हो हमसे
माफ तो करना हमको

चलता हूँ प्रणाम सबको
मैं याद करूँगा तुमको

जिंदगी के मायने

हम तो ठहरे हैं मगर शब्द सफर कर रहे हैं
जिन पर कभी दिल हारे अब वो मर रहे हैं
इश्क़ भी गज़ब की प्रयोग शाला है यारो
यूँ ही आज कल वो दिल में घर कर रहे हैं
जिंदगी के मायने वो बता कर चल दिया
और हम हैं कि उसकी खबर कर रहे हैं
कुछ सहज ना दिखा वो बीते कुछ सालों में
और हम याद उसे जो उम्र भर कर रहे हैं
छोड़ कर वो हमें जबकि जा चुका स्वर्ग में
उसको पाने की खातिर हम सफर कर रहे हैं

बानी

जब भी लौट कर घर आता हूँ मैं
वो हंस देती है और मर जाता हूँ मैं

बोलने के नाम पर मुंह से हवा निकलती है
उसी हवा के सहारे अंतर्मन में उतर जाता हूँ मैं

घर से निकलते समय उसका हाथ हिलाना
हर बार बिछडने के डर से डर जाता हूँ मैं

तोतली आवाज में उसका यूँ टेर लगाना
किसी शायर की बेहतरीन बहर पाता हूँ मैं

उठना गिरना गिरकर उठने की कोशिश में
नश्वर जीवन का सार अमर पाता हूँ मैं

जब भी छोटे छोटे दांत दिखाई दे जाते हैं
हीरे और जवाहरात बिसर जाता हूँ मैं

लक्ष्मी और सरस्वती की संयोग हैं बेटियां
उसे बानी कहकर चुपके से गुजर जाता हूँ मैं

भाग - 5
(मुक्तक)

ये झुककर आसमां धरती से यूँ कुछ कह रहा होगा
ये बारिश की नहीं बूंदें वो शायद रो रहा होगा।
बिछड़ कर आपसे हमको कभी अच्छा नहीं लगता
बरस कर जख्म धरती के वो शायद धो रहा होगा

जवानी की कई बातें आज भी याद हैं हमको।
तुम्हारे साथ जो बीतीं वो रातें याद हैं हमको।
तुम अगले वर्ष आओगे यही सब सोचकर हमने
बिताई हैं सभी रातें आज भी याद है हमको।।

तूने अपनी खुशी देखी मेरे हालात ना देखे।
मुझे अपना बताता था मेरे जज्बात ना देखे।
तेरी करनी में कथनी में अंतर साफ दिखता है
सपने तो बहुत देखे मगर मेरे साथ ना देखे।।

मेरा यूँ चाहना तुझको मेरा दुश्मन ना बन जाये।
अमीरों से बड़ा दिल था मेरा निर्धन ना बन जाये।
जो पहले बात थी तुझमें नज़र अब वो नहीं आती
मुझे डर है कहीं आपस में अनबन ना बन जाये।।

दास्तानें मौहब्बत की आज भी याद आती हैं
अकेला जब भी होता हूँ मुझको बड़ा सताती हैं
सूरज अस्त हो तो क्या तपन तो छोड़ जाता है
छुअन उसकी बदन में आज भी सिहरन बढ़ाती हैं

दुनियाँ से लड़ने को प्रेम काबिल बनाता है
वो सौ सौ बार भी रूठे वो फिर भी मनाता है
ना फरहाद ना राझा बनने की जरूरत है
अगर है प्रेम सच्चा तो वो खुद ही रंग जमाता है

एक पल भी अगर तुमने किया हो प्रेम जीवन में
हर पल याद आता है किया जो प्रेम जीवन में
मौहब्बत के बिना व्यक्ति जिंदा लाश जैसा है
इबादत इश्क़ बन जाता किया जो प्रेम जीवन में

ये कुंठाओं से है भरपूर दुनियाँ छोड़ चलते हैं
काम से भागते हैं लोग फिर भी हाथ मलते हैं
लगन जितनी लगाओगे यहाँ उतना ही पाओगे
समंदर की ही गहराई में हीरे मोती मिलते हैं

मौहब्बत ने पुकारा तो चला आया यहाँ तक मैं
इशारे एक पर तेरे चला आया यहाँ तक मैं
कुछ पाने की चाहत तुझसे मेरी हो नहीं सकती
आबारा दिल नहीं माना चला आया यहाँ तक मैं

छुपाने की ही कोशिश में प्रेम पल पल झलकता है
अल्हड़ सा तेरा यौवन प्रेम में ही संभलता हैं
मन की बात ही क्या है मन तो बाबरा सा है
भुलाने की तुझे कोशिश में मन मेरा मचलता है

प्यार को जो नहीं समझा मुझे क्या खाक समझेगा
कुशल मंगल अगर पूंछू उसे ताक झांक समझेगा
भला जितना करूँ उसका उसे साजिश समझता है
जलती हुई मौहब्बत को भी मगर वो राख समझे

सफर में हमसफ़र मांगा ये तुमने क्या दिया मुझको
प्यार का एक शहर मांगा ये तुमने क्या दिया मुझको
सुना है इस जहाँ में मांगने पर मिलती नहीं है मौत
नहीं कभी मैंने जहर मांगा ये तुमने क्या दिया मुझको

बहुत कुछ खोया जीवन में फिर फरियाद क्या करना
जो मन से दूर कर डाला उसे फिर याद क्या करना
क्या सच में छोड़ कर सब कुछ मैं आगे बढ़ गया हूँ अब
बर्बादी का कारण मैं ही हूँ फिर फरियाद क्या करना

चलो फिर से जिया जाए तेरे बिन मेरे यारा
नफरत उससे की जाये जो चेहरा था कभी प्यारा
मौहब्बत जितनी गहरी हो नफरत उतनी गहरी हो
सताया बस वही जाये था जिससे मैं कभी हारा

गुनाह इतना सा था मेरा कि तुमसे प्यार कर बैठा
पहला और अंतिम बस यही मैं अपराध कर बैठा
तुम्हारी जिद थी इतनी सी मैं अपनों को भुला डालूं
मैं अपनों को मनाकर तुमसे खत्म करार कर बैठा

कभी मीठी सी सर्दी तुम कभी सेना की वर्दी तुम
सूरज की किरण पहली किन्नी शोणी सी लगदी तुम
झील की लहरों सा है यौवन गंगा सा तुम्हारा मन
कर अपने रूप में पागल अब कहाँ को चलदी तुम

मुझे वो मिल नहीं पाया क्या मैं नाकाम हो जाऊँ
मैं सूरज बन नहीं पाया तो क्या मैं शाम हो जाऊँ
ये कोशिश है मौहब्बत को मौहब्बत से ही पाने की
बहुत पीकर नशा ना चढ़ा तो क्या मैं जाम हो जाऊँ

हिफाजत करता रहा जिसकी मेरा कातिल वही निकला
जिसे आसान समझा था सबसे मुश्किल वही निकला
बडा जादुई सा लहजा था जिस पर मर मिटा था मैं
मीठा सा बोल कर भी इतना कुटिल वही निकला

जब भी फुर्सत में बैठा मैं तो तेरी याद आई है
कभी सुबह कभी संध्या में तेरी याद आई है
हर जर्रे में अब हमें तो तेरा अक्श दिखता है
ईश्वर की करूँ पूजा तो तेरी याद आई है

अधूरी छोड़ जाते हो कहानी क्या तेरी मानूं
आज तुम साथ में हो मेहरबानी क्या तेरी मानूं
रोशनी हो जलाते हो मेरे किस काम के हो तुम
जख्म बस याद आते हैं निशानी क्या तेरी मानूं

लोग सब सो गए हैं मन तू क्यों सोया नहीं अब तक
लापता हो चुके वे तो तू क्यों खोया नहीं अब तक
तुझे जीने नहीं देंगे तू कोशिश छोड़ दे अब तो
परेशां हो रहे वे सब तू क्यों रोया नहीं अब तक

रात की धुंध है ये तो सुबह तक छट ही जायेगी
दो पल की है मदहोशी सुबह तक हट ही जायेगी
गलतफहमियों से उपजी है ये जो नाराजगी उसकी
मुस्करा कर तो देखो सुबह तक मिट ही जायेगी

कर लो तैयारियां पूरी वे जो आने वाले हैं
सजाओ घर व आंगन को वे जो आने वाले हैं
नींद आ ही नहीं सकती सुबह दीदार करना है
बनाओ मन पसंद व्यंजन वे जो आने वाले हैं

बहुत भागा बहुत भटका तब कली के पास आया है
प्यास बुझ जाए वर्षों की ले के मधु की आस आया है
कली के आगोश में भंवरा सुध बुध खो ही बैठा था
पंखुरी की कैद से निकला अली बिंदास आया है

जिंदगी के आंदोलन में प्रेम का पुतला जला डाला
किये की सजा दिलाने को तख्ते दिल हिला डाला
तेरे यूँ मुकर जाने पर तो दो मिनट का मौन बनता है
प्रेम का फूल शायद हमने पत्थर पर खिला डाला

जिसका उत्तर मिल ना सका छूटा वह सवाल जा रहा है
आगज़नी करता फिरता लोगों का बबाल जा रहा है
कितने प्रश्नों ने जन्म लिया इस साल का हाल रहा ऐसा
दुख औ सुख से मिला जुला गुजरा यह साल जा रहा है

कोई अब पास ना अपना मिलन की आस है सपना
करें तो क्या जुदाई में सिवा तेरे नाम के जपना
ना तो तुम हो ना दुनियाँ है सांसों का सहारा है
सांसों के अलावा क्या कोई है और भी अपना

वो स्वर्णिम सा सफर मेरा आज फिर याद आता है
साथ कितना जरूरी था किसी ने फिर बताया है
डर डर के भी जीने में मजा आता रहा कितना
नासमझी का वो आलम आज फिर याद आता है

सताओ तो तुम्हें जाने रुलाओ तो तुम्हें जाने
हंसाओ तो तुम्हें जाने मनाओ तो तुम्हें जाने
इरादा है मेरा इतना बहाना है बस बुलाने का
आओ तो तुम्हें जाने ना जाओ तो तुम्हें जाने

बड़े दिलकश नजारे थे तुम्हारे साथ जो देखे
वो सारे सपने हमारे थे तुम्हारे साथ जो देखे
ये बस्ती है मौहब्बत की यहाँ सौदा नहीं होता
रेत पर घर संवारे थे तुम्हारे साथ जो देखे

छुप छुप कर मेरे मुक्तक वो शायद रोज पढता है
मैं उसको मिल नहीं पाया इसलिए खुद से लडता है
ना मैं जीता ना वो जीता ना मैं हारा ना वो हारा
स्वयं से मैं झगडता हूँ स्वयं से वो झगडता है

किसी को भूल जाने की दवा मुझको भी दे देना
अकेलापन भगाने की दवा मुझको भी दे देना
मैं मेले से भी डरता हूँ अकेलेपन से डरता हूँ
किसी रूठे को मनाने की दवा मुझको भी दे देना

बहल जाता है मन दिन में मिलने में मिलाने में
मित्रों के दर्द सुनने में उनको अपने सुनाने में
रात बैरिन नहीं कटती दुखों की बदली नहीं छोटी
लौट कर फिर नहीं आया कहाँ ढूंढूँ जमाने में

तुम्हारा मैं तो अपना हूँ मुझसे अनजान क्यों हैं सब
मैं मीठा सा सपना हूँ मुझसे अनजान क्यों हैं सब
रुकशत हो गया दुनियाँ से फिर मुझे ढूंढते रहना
विरहिणी की तडपना हूँ मुझसे अनजान क्यों हैं सब

प्रेम ही वो सहारा है जो भव से पार कर देगा
ईर्ष्या व कुटिलता का भाव तो संहार कर देगा
यहाँ हर जीव में है आत्मा परमात्मा का अंश
जो इसको ना समझ पाया वो बंटाधार कर देगा